1학년 완벽 적응 프로젝트 ❸ _관계

꼼지락 1학년, 좋은 친구가 될 거야!

김원아 글 • 간장 그림

사□계절

친구 편

소통에 대하여

★소통: 막히지 않고
잘 통함.

뽕 봉주에게
김뽕...아니, 봉주야.
넌 뽕주가
그렇게도 싫냐?
나는 뽕주가 재미있고 좋은ㄷ

차례

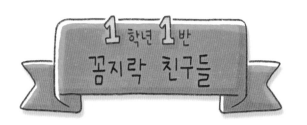

1 학년 1 반
꼼지락 친구들

김봉주

♡ 좋아하는 것: 쉬는 시간

× 싫어하는 것: 받아쓰기

☆ 잘하는 것: 친구 사귀기

오수재

♡ 좋아하는 것: 일등, 시험

× 싫어하는 것: 채소

☆ 잘하는 것: 발표

방두진

♡ 좋아하는 것: 달리기

× 싫어하는 것: 청소

☆ 잘하는 것: 축구

차민송

♡ 좋아하는 것: 공부 시간

× 싫어하는 것: 모둠 활동

☆ 잘하는 것: 규칙 지키기

친구들이랑 잘 지내고 싶다.

사이좋게 지내는 건

너무 어려워.

1.
뽕주와
재수

이 느림보야!

친구가 나를 놀리고 웃었다.

나는 하나도 안 재밌는데…….

기분이 나빴다.

"뽕주야."

오수재가 또 놀렸다.

"왜!"

"깜짝이야, 왜 소리를 질러?"

"뽕주라고 하지 말랬잖아."

"뽕주한테 뽕주라 하지, 그럼 똥주라 하냐?"

　오수재는 당당했다. 놀려서 미안하다고 해야

하는데 참 뻔뻔하다.

　옆에서 차민송이 재밌다고 깔깔깔 웃었다.

쟤는 뽕주 소리만 들으면 웃는다.

나는 오수재를 흘겨봤다.

"한 번만 더 뿅주라 하면
너랑 안 놀아."

"아휴, 무서워."

오수재가 으흐흐 웃었다. 나는
기분이 안 좋은데 오수재는 기분이
좋았다. 아주 신이 났다. 흥! 너도 기분
상해 봐라.

"자기는 오재수면서."

"뭐?"

오수재의 얼굴이 일그러졌다.

"선생님한테 다 이를 거야."

오수재가 쪼르르 선생님한테 갔다. 나도 질세라
쫓아갔다. 오수재보다 내가 먼저 일러야 했다.

그런데 선생님이 바빴다. 오늘따라 싸운 애들이
많았다. 모두 줄줄이 서서 차례를 기다리고 있었다.
아무리 기다려도 우리 차례가 안 왔다.

오수재가 초조해하며 말했다.

"쉬는 시간 다 가네. 너 때문이야."

어이가 없었다. 오수재는 꼭 자기가 잘못한 건
뺀다.

"네가 먼저 뽕주라 했잖아."

"너도 재수라 했잖아."

또 싸웠다. 역시 선생님이 필요하다.

그때 방두진이 다가왔다.

"놀자."

"안 돼. 뽕주가 나보고 재수라 했어."

"오수재가 먼저 뽕주라 했다고!"

방두진은 누구의 편도 들지 않고
한숨만 쉬었다.

"어휴, 맨날 싸우네. 둘 다
놀렸으니까 둘 다 혼날 거야."

방두진이 촐래촐래 떠났다. 오수재랑 나는
긴 줄 끝에 어색하게 남았다. 둘 다 혼난다는 말이
머릿속에 뱅뱅 맴돌았다. 나는 혼나기 싫은데.

오수재가 안경을 쓱 올렸다.

"진짜 둘 다 혼날까?"

"네가 더 혼나지. 먼저 놀렸으니까."

나는 일부러 태연한 척했다. 그러자 오수재가
억울한 표정을 지었다.

"난 재밌어서 장난친 건데!"

"하나도 안 재밌어. 너만 재밌어."

15

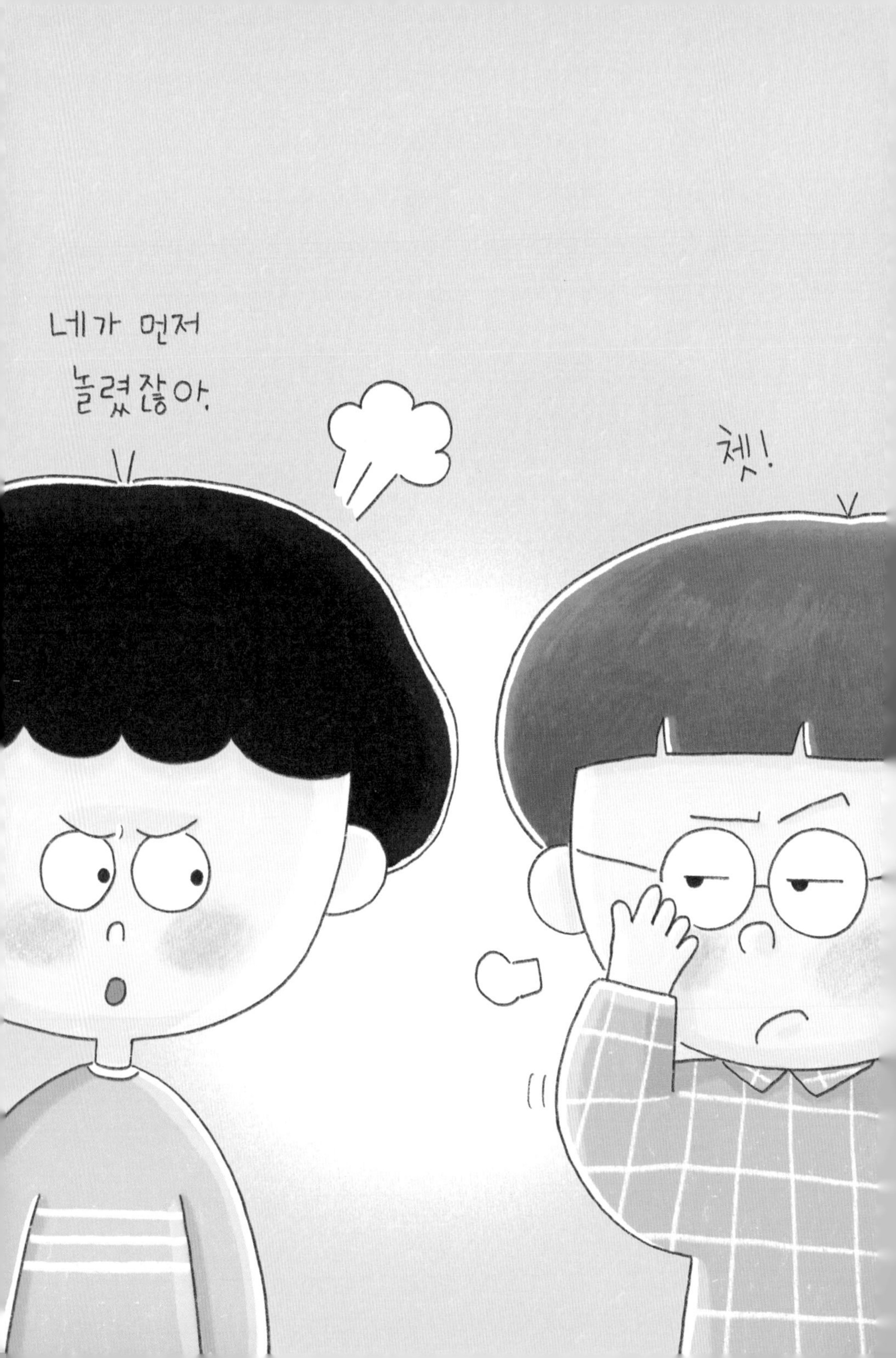
네가 먼저
놀렸잖아.
쳇!

"그렇다고 바로 복수하냐?"

"네가 먼저 했잖아!"

오수재가 입을 삐죽거렸다. 앞에 서 있는 친구들을
보더니 한숨을 푹 쉬었다.

"알았어, 뽕주라고 안 하면 되잖아."

"진짜 안 할 거지?"

"응."

"그럼 들어가자."

드디어 긴 줄에서 떨어져 나왔다. 후련했다.

우리끼리 화해한 걸 알면 선생님이 칭찬해 줄 텐데.

그런데 선생님은 칭찬할 시간이 없어 보였다.

자리로 돌아가자 방두진이 활짝 웃었다.

"끝났어? 이제 놀자."

"우리 뭐 하고 놀지? 뽀오옹⋯⋯."

오수재가 말하려다 입을 막았다. 자기 입을 자기가
막아서 딱 한 번만 봐주기로 했다.

○○○○년 △월 ☆일

제목: 놀리지 말자

같이 즐거워야 장난이다.

한 명이라도 기분이 나쁘면 장난이 아니다.

그건 상대를 괴롭히는 거다.

그러니까 놀리지 말자. 싸우면 같이 못 노니까.

2.
툭 하면
고자질

선생님!

친구가 선생님한테 쪼르르 달려가면

잘못한 게 없어도 가슴이 두근두근.

내가 뭐 실수한 게 있나?

"키 재 보자."

나는 방두진과 마주 보고 섰다. 코랑 코가
닿았다. 이마도 닿았다. 머리 위는 안 보였다. 손을
들고 재 봐도 누가 큰지 알 수 없었다.

옆에 있는 차민송한테 물었다.

"누가 더 커?"

차민송이 가까이 와서 유심히 살폈다.

"도토리 키 재기야."

"그게 무슨 말이야?"

"둘 다 작다는 뜻이지."

"야!"

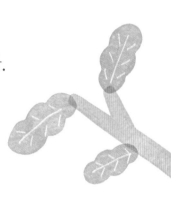

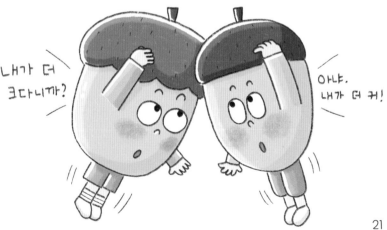

둘 다 똑같이 작다고 하니까 기분이 나빴다.

차민송이 깔깔깔 웃었다.

"사실은 두진이가 쪼금 더 커."

"오예!"

방두진이 펄쩍펄쩍 뛰면서 좋아했다.

"아, 더 클 수 있었는데!"

아쉬웠다. 내가 더 컸으면 했다. 옆에 있는

오수재를 보았다. 아무리 봐도 나랑 비슷해 보였다.

"우리도 키 재 보자."

"싫어."

"왜?"

"그냥 싫어."

"혹시 나보다 작을까 봐?"

이 말에 오수재가 발끈했다.

또 이르네.

"아니거든! 서언새앵니임!"

오수재가 또 선생님한테 쪼르르 갔다. 툭 하면

선생님한테 간다. 도대체 왜 저러는지 모르겠다.

한편 혼날까 봐 걱정되기도 했다. 그런데 내가 뭘 잘못했는지 모르겠다. 진짜 나쁜 마음이 하나도 없었다.

조금 뒤 오수재가 혼자 돌아왔다. 긴장됐다.

선생님한테 이르기 전에 해 보면 좋은 것은?

① 친구에게 "하지 마"라고 말해 보기

② 하지 말라고! 친구에게 소리 버럭 지르기

③ 주저 앉아 큰 소리로 울기

흠…?

“선생님이 뭐래?”

오수재가 나를 빤히 봤다.

“‘하지 마’부터 해 보래.”

“뭘 하지 마?”

“기분이 나쁘면 ‘하지 마’라고 먼저 말해 보래. 그래도 말을 안 들어주면 그때 다시 오래.”

오수재가 인상을 쓰며 말했다. 다행이다. 선생님은 나를 혼낼 생각이 없어 보였다.

“그래, 하지 말라고 해. 그런데 뭘 하지 말까?”

내가 묻자 오수재가 나를 또 빤히 쳐다봤다.

“정말 몰라?”

“응.”

“나한테 작다고 하지 마.”

“작다고 안 했는데?”

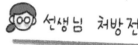

선생님 처방전 ✦

친구에게 “하지 마” 라고
말해 보세요.
＋ 그래도 안 들어주면 다시 오세요.

"'나보다 작을까 봐?'라고 했잖아."

그제야 이유를 알았다.

"작다고 놀린 거 아니야. 그냥 키 안 재는 이유를
물어본 거지."

"그게 그거야."

오수재가 입을 삐죽거렸다.

"넌 선생님한테 좀 그만 일러. 자꾸 고자질하면
기분 나빠."

"그래야 네가 안 할 거잖아."

억울했다. 나는 그냥 싫다고 해도 안 했을 거다.

"난 네가 키 재는 거 싫어하는지 몰랐어."

"아까 싫다고 했잖아!"

"이렇게까지 싫어하는지 몰랐지!"

"지이인짜 싫어."

오수재가 악을 썼다. 지는 게 싫은 오수재는 키 재기에서 질까 봐 못마땅한가 보다.

"알았어, 앞으로 키 얘기 안 해."

"진짜?"

"어."

그제야 오수재가 안심했다. 키에 예민하니까 조심해야겠다. 그런데 왜 아까는 싫다는 말이 안 들렸을까?

앞으로 친구들이 '싫다'고 하면 딱 안 해야지. 내가 생각하는 것보다 훨씬 더 싫어할 수도 있으니까.

○○○○년 △월 ☆일	

제목: '하지 마' 해 보자

하지 마!

기분이 나쁠 때는 하지 말라고 해 보자.
친구가 내 마음을 몰라서 그럴 수 있다.
하지 말라고 해도 계속 하면 그때 선생님한테
도와 달라고 하면 된다.

3.
찰싹찰싹

친구가 웃으면서 나를 때린다.

우리는 분명히 즐거운데

나는 왜 눈물이 나지?

쉬는 시간이 되었다.

"봉주야, 놀자!"

방두진이 내 등을 찰싹 쳤다. 좀 아팠다. 그래도

놀자고 그런 거니까 참았다.

쪼르르 방두진을 따라 교실 뒤로 갔다. 이미

오수재랑 애들이 놀고 있었다. 팔씨름을 하고 있었다.

오수재는 이기려고 기를 썼다. 얼굴이 빨개졌다.
나도 이기는 걸 좋아한다. 그렇지만 팔씨름을 저렇게
열심히 하는 사람은 처음 봤다.

결국 오수재가 이겼다.

"오예!"

오수재가 펄쩍펄쩍 뛰며 좋아했다. 방두진이
오수재한테 말했다.

"나랑도 하자."

오수재가 팔을 주물럭거리며 대답했다.

"1등은 아무나하고 할 수 없지. 일단 너희 둘이 해
봐. 이긴 사람과 상대해 주지. 후후."

그래서 나랑 방두진이 팔씨름을 하게 되었다.
비장한 마음으로 손을 맞잡았다. 오수재가 옆에서
심판을 봤다.

"시, 작!"

손에 힘이 빡 들어갔다. 대충하려고 했는데 막상 시작하니까 지기 싫었다. 온 힘을 쏟았는데 방두진의 힘이 더 셌다.

내 팔이 넘어가려고 할 때 뒤에서 오수재가 소리쳤다.

"뽕주야, 힘내! 좀 더 힘을 쓰라고!"

하나도 도움이 안 되고 귀만 아팠다. 그래도 응원해
주는 거니까 참았다.

철퍼덕.

결국 내 팔이 넘어갔다. 방두진이 이겼다. 방두진이
"예!" 하며 좋아했다. 곧바로 오수재에게 결투를
신청했다.

이번에는 내가 심판이 되었다. 방두진과 오수재의
대결이 재미있어 보였는지 다른 친구들도 우르르
모여들었다. 차민송도 왔다.

"시, 작!"

오수재와 방두진의 경기가 시작되었다. 맞잡은
손이 부들부들 떨렸다. 왼쪽으로 넘어갔다가,
오른쪽으로도 살짝 넘어갔다. 오수재야 원래 이겨야
하는 애지만, 방두진도 질 수 없다는 듯 최선을
다했다. 보기만 해도 가슴이 쫄깃쫄깃했다.

"와우, 와! 누가 이길까?"

차민송이 호들갑을 떨며
내 등을 찰싹찰싹 쳤다.

아오, 오늘은 내 등이 터지는 날인가 보다. 아프지만 참았다. 차민송도 뭐, 일부러 때린 건 아니니까.

그 순간 방두진이 "으아압!" 기합 소리를 냈다. 오수재의 팔이 훅 꺾였다. 방두진 승!

그런데 오수재가 불같이 날뛰었다.

"너 반칙이야. 팔꿈치 들었어!"

"아니거든!"

방두진이 억울해하며 펄쩍 뛰었다.

"방금 팔꿈치 꺾어서 올렸잖아."

"너 졌다고 억지 부릴래?"

방두진은 좀처럼 화를 내지 않는다. 그런데 이번에는 기분이 많이 상해 보였다. 오수재가 방두진 대신 나를 들볶았다.

"봉주야, 네가 심판이잖아. 봤지?"

나는…… 못 봤다. 차민송이 내 등을 자꾸 쳐서 신경 쓰여 못 봤다. 그때 차민송이 대신 대답했다.

"팔꿈치 안 올렸어. 그냥 네가 진 거야."

"아오, 분해!"

오수재가 가슴을 펑펑 쳤다. 내 등도 펑펑 쳤다.

"심판이 잘 봤어야지!"

오수재의 손이 매웠다. 이번에는 좀 많이 아팠다.

그래서 더는 참을 수가 없었다.

"아파, 그만 좀 때려!"

"내가 언제 널 때렸어?"

"등을 팡팡 쳤잖아."

"별로 세게 안 쳤어!"

오수재가 억울한 듯 말했다.

아무리 재밌어도,
아무리 화가 나도,
아무리 장난이어도,
친구를 때리진 말자.

"그래도 아파. 차민송 너도 그만 쳐. 아프다고."

"나? 안 때렸는데?"

차민송이 눈을 동그랗게 떴다. 둘 다 자기가 때린 줄도 몰랐다.

"팔씨름 보면서 계속 내 등 쳤잖아. 아프다고."

눈물이 날 것 같았다. 아직도 등이 얼얼했다.

"앗, 미안. 진작 말을 하지."

차민송이 바로 사과했다.

"나도 일부러 친 건 아니야."

오수재도 변명했다. 둘 다 미안해해서 기분은 좀 풀렸지만 여전히 등은 욱신거렸다. 친구들이 내 몸을 두들기지 않으면 좋겠다.

○○○○년 △월 ☆일	☀ ☁ ≡3 🌧 ⛄

제목: 때리지 말자

친구 몸에 손 대지 말자. 일부러 때린 게 아니라도

상대는 아플 수 있고, 기분이 나쁠 수도 있다.

손을 주고받는 것보다 말을 주고받는 게 훨씬 낫다.

4.

1등?

너만 일등 하려고?

나도 일등 좋아하거든.

어디 한번 해 보자고!

도서관에 갔다. 오수재가 앞서가며 말했다.

"1등!"

저게 뭐라고 1등? 으스대는 게 보기 싫었다.

"그런 거로 잘난 척하지 마."

"어쩌지? 난 원래 잘났는데? 히히."

오수재가 메롱 했다. 애는 1등을 너무 좋아한다.

자기만 기분이 좋으면 되나 보다. 두고 봐라, 나도 곧

1등 할 거니까.

책을 빌렸다. 내가 제일 빨리 빌렸다.

"1등!"

그러자 오수재가 인상을 썼다.

"책 빌리는 데 1등이 어딨어?"

"제일 빨리 빌렸으니까 1등이야."

"좋은 책을 빌려야 1등이지."

"몰라. 내가 1등이야. 교실에도 1등으로 갈 거야."

내가 나가려고 하자 오수재가 아무 책이나 꺼내서
빌리더니 복도로 나가서 막 뛰었다. 나보다 먼저
가려는 거다. 질 수 없었다.

"내가 먼저 갈 거야."

내가 앞서자 오수재가 내 옷을 잡아당겼다.

"같이 가!"

"하지 마!"

하마터면 넘어질 뻔했다. 나는 오수재의 손을
뿌리치고 먼저 뛰어갔다. 그런데 뒤가 조용했다.
소리치며 따라와야 하는데 이상했다. 멈추어 서서
뒤를 돌아보았다.

오수재가 우두커니 서 있었다. 표정이 안 좋아
보였다. 내 동생이 울기 전에 딱 저런다. 어휴.

나는 오수재한테 돌아갔다. 오수재가 풀이 죽은
목소리로 말했다.

"봉주야, 먼저 가지 마. 같이 가."

"네가 자꾸 1등이라고 자랑하니까 그런 거잖아."

"그럼 둘 다 1등 하지 말까?"

"그러자."

1등을 포기하자 잠시 사이가 좋아졌다. 그런데 오수재가 덧붙였다.

"받아쓰기나 시험 같은 건 1등 해도 되지?"

"어휴."

"공부 잘하는 건 어쩔 수 없잖아. 일부러 틀릴 수도 없고."

오수재가 공부 1등에 대해서는 슬쩍 넘어가려고 했다. 공부를 잘하는 건 어쩔 수 없다. 하지만 잘난 척하는 건 완전히 다른 문제다.

"1등 해도 너무 자랑하지 마."

"그것도 하지 말자고?"

"안 그래도 못해서 속상한데 1등 자랑까지 들으면 더 속상하다고."

"흠……."

오수재가 턱을 만졌다. 고민하는 눈치였다.

"할 거야 말 거야? 안 할 거면 나 지금 뛰어가서
1등 하려고."

"아, 그냥 다 하지 말자."

오수재가 다급하게 말했다. 다행이다. 이제 1등
하려고 기를 쓰지 않아도 된다.

우리는 사이좋게 걸어갔다. 교실 문을 지날 때도
동시에 들어갔다. 쓸데없이 경쟁하지 않아서 좋았다.

○○○○년 △월 ☆일	☀ ☁ ≡3 🌧 ⛄

제목: **너무 경쟁하지 말자**

잘해서 기분이 좋아도 너무 뻐기지 말자.

1등 했다고 자랑하면 나만 기분 좋다.

듣는 사람은 속상할 수 있다.

5.
청소

청소를 해 주면

좋아할 줄 알았는데…….

넌 정말 이상해!

만들기를 해서 교실 바닥이 더러워졌다. 샥샥샥.
빗자루를 움직였다. 작은 종잇조각들이 쓰레받기에
차곡차곡 쌓였다. 쓰레기가 모이니까 뿌듯했다.

아까 차민송이 모둠 활동을 열심히 해서 내가 좀
쓸어 줬다. 그랬더니 차민송이 고맙다고 했다. 기분이
좋아서 더 열심히 쓸었다.

쓰레기를 찾아 바닥만 보면서 엉금엉금 이동했다.
그러다 오수재랑 탁 부딪쳤다.

"왜 여기까지 와?"

"청소 중이잖아."

내가 바닥을 쓸려고 하니까 오수재가 인상을 찌푸렸다.

"잠깐, 그 쓰레기는 내 거야."

"뭐? 그냥 본 사람이 쓸면 되잖아."

"내 자리에 있으니까 내 쓰레기야. 비켜."

오수재는 진짜 이상하다. 나는 고개를 절레절레 흔들며 자박자박 옆으로 이동했다.

곧 엄청 더러운 자리를 만났다. 고개를 드니 방두진 자리였다. 방두진은 아직 하나도 안 쓸었다. 여전히 의자에 앉아서 손장난만 하고 있었다.

"두진아, 뭐 해?"

"넌 거기서 뭐 해?"

"청소 시간이잖아. 청소해야지."

"어? 어."

방두진이 그제야 빗자루를 잡았다. 끙차
하며 책상 밑으로 내려와 청소를 시작했다.
그런데 방두진은 청소를 이상하게 했다.

빗자루를 양쪽으로 흔들기만 했다. 쓰레기는
안 모이고 먼지만 폴폴 날렸다. 열심히
하는데도 깨끗해지지 않았다.

　"두진아, 이렇게 한 방향으로 쓸어야
쓰레기가 모여."

　"그래?"

　방두진이 나를 보며 다시 빗자루질했다.

그제야 종잇조각 몇 개가 쓰레받기에 모였다.

"봐, 쉽지? 재밌지?"

"음……. 그런가?"

방두진은 쓰레기를 모으고도 전혀 기뻐하지
않았다. 청소를 좋아하지 않나 보다. 둘이 열심히
쓱싹쓱싹 쓸고 있는데 오수재가 끼어들었다.

"나도 할 거야."

"우리끼리 하면 돼."

"나도 같이할 거야."

"이미 다 했거든. 비켜."

나는 메롱 했다. 오수재가 흥! 하며 자기 자리로
돌아갔다.

청소해 줘서
고마워!

청소가 끝나자 방두진이 말했다.
"고마워, 봉주야."
"응."

기분 좋다.

고마워.

도와줘서
고마워!

줄줄이 꿴 '고마워'

'고마워'는 '고마워'를
낳고......

고마워.

뿌듯

61

기분이 좋았다. 차민송도 방두진도 나한테
고맙다고 했다. 다음에 또 쓸어 줘야지.
  그런데 오수재는 왜 쓸어 줘도 고맙다고 하지
않을까? 쓰레기까지 욕심을 내다니…… . 다음부터
오수재 자리는 절대 안 쓸어 줄 거다.

○○○○년 △월 ☆일	☀ ☁ ≡3 🌧 ⛄

제목: '고마워'는 기분 좋다

고맙다는 말을 들으면 또 도와주고 싶다.

반대로, 고맙다고 안 하면 다음에는 안 하고 싶다.

친구들한테 고맙다는 말을 자주 해야겠다.

6.
받아쓰기

짜증 내지 말

짜증 나!

내가 하지 말라고 했는데

억지로 우기면…….

너랑 안 놀아! 흥!

"다 맞았다!"

오수재가 자랑했다. 안 하기로 해 놓고 또 했다.

"나는 한 개 틀렸어."

방두진까지 보탰다. 나는 아무 말도 안 했다.

차민송이 나한테 물었다.

"몇 개 틀렸어?"

"몰라."

오수재가 뒤에서 웃었다.

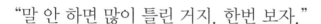

"말 안 하면 많이 틀린 거지. 한번 보자."

오수재가 일어나서 머리를 내 쪽으로 막

들이밀었다. 공책을 서랍에 숨기려고 했는데 뺏겼다.

오수재가 순식간에 내 공책을 열고 소리쳤다.

"다섯 개?"

차민송의 눈이 동그래졌다.

"다섯 개 틀렸다고?"

"괜찮아, 봉주야. 나도 저번에 많이 틀렸어."

방두진이 위로해 줬다. 위로받기 싫었다. 그러면

정말 못한 것 같잖아.

"봉주야, 공부 좀 해. 내가 가르쳐 줄까?"

오수재한테 배우는 건 더 싫었다.

"빨리 내 공책 내놔!"

그런데 오수재가 내 공책을 안 돌려줬다.

"나 잡아 봐라!"

오수재가 장난을 걸었다. 나는 장난칠 기분이
아니었다. 하지만 공책 때문에 하는 수 없이 오수재의
뒤를 쫓았다. 달리기는 내가 더 빠르다. 금방
오수재를 잡았다.

공책을 뺏으니까 오수재의 몸이 휘청거렸다.
오수재가 짜증을 냈다.

"넘어질 뻔했잖아!"

"네가 먼저 내 공책 뺏어갔잖아!"

"가르쳐 주려고 그랬지!"

"누가 가르쳐 달래?"

"그렇다고 사람을 미냐?"

"내가 언제 밀었어?"

"방금 밀었잖아. 사과해."

나는 오수재를 노려봤다. 사과하기 싫었다.
오수재는 자기 생각만 한다. 내 마음은 하나도
모른다. 나는 그만 빽 소리를 지르고 말았다.

"싫어! 너 지이인짜 싫어!"

그 소리에 선생님이 왔다. 선생님이 무슨 일로
싸우는지 물었다. 선생님 얼굴을 보니까 눈물이 날 것
같았다.

내가 아무 말도 못 하니까 차민송이 대신 말했다.

"수재가 봉주 받아쓰기 공책을 뺏어서 봤어요."

선생님이 오수재에게 공책을 뺏으면 안 된다고
했다. 그러자 오수재가 나한테 바로 사과했다. 아까는
그렇게 뻔뻔하더니 선생님이 있으니까 꼬리를
내렸다. 그런 사과는 받아 주기 싫었다.

선생님이 나한테도 사과해야 한다고 했다. 아무리
화가 나도 친구한테 소리를 지르면 안 된다고 했다.

'누가 친구야?'

나는 사과하기 싫었다. 오수재가 먼저 잘못했다.
그래서 입을 꾹 다물었다. 선생님이 한숨을 쉬었다.

"지금은 봉주가 화가 많이 났네. 조금 있다가 다시
얘기하자."

선생님이 갔다. 나한테 실망했으면 어쩌지?

답답했다. 순식간에 나쁜 애가 된 것 같았다. 이게 다 오수재 때문이다. 이런 내 마음도 모르고 오수재가 뒤에서 투덜거렸다.

"너 때문에 혼났잖아."

또 자기 생각만 했다.

"말 걸지 마!"

나는 오수재를 노려보았다. 그러니까 오수재가 딴 데를 쳐다봤다. 계속 마음이 부글부글 끓었다. 이게 다 받아쓰기 때문이다. 아니, 오수재 때문이다.

○○○○년 △월 ☆일 ☀ ☁ ≡₃ 🌧 ⛄

제목: 짜증 내지 말자

화가 나면 어떻게 해야 할까?

짜증 내며 소리치면 안 되는 건 확실하다.

음...... 참 어렵다.

7.
화해

네가 진짜 싫은 건 아니고

그때만 좀 싫었을 뿐이다.

다시 같이 놀 수 있을까?

점심시간이다. 아까는 오수재 때문에 화가 많이
났다. 이제 친구들이 나를 말썽꾸러기로 볼 거다.
선생님도 나를 사과도 안 하는 나쁜 애로 보겠지.

가만히 있어도 계속 인상이 써졌다. 소리친 게
후회됐다.

"봉주야!"

방두진이다. 웃고 싶은데 못 웃었다. 나는 오늘
친구랑 싸운 말썽꾸러기니까.

"운동장에서 축구 할까?"

"아니."

나도 모르게 퉁명스럽게 말했다. 사실 방두진이
옆에 와서 좋았다. 나를 평소랑 똑같이 대해 줘서
좋았다.

"아직 화났어?"

"아니."

"그럼 같이 나가자!"

방두진이 먼저 교실 밖으로 나갔다. 나는 못 이기는 척 따라 나갔다.

기분 좋아져라.

나오길 잘했어.

운동장에 나가니까 날씨가 좋았다. 하늘이 파랗고
바람도 시원했다. 뛰니까 기분이 좋아졌다. 아무도
나한테 왜 싸웠는지 묻지 않았다. 나쁜 애라고
흘겨보지도 않았다.

친구들이랑 신나게 노니까 다시 웃음이 났다.
마음이 가벼워졌다. 받아쓰기도, 오수재랑 싸운 것도
별로 안 중요했다. 역시 노는 게 최고다.

실컷 놀고 교실로 돌아갔더니 오수재가 혼자
있었다. 나를 보더니 고개를 홱 돌렸다. 평소에는
그렇게 쫓아다니면서 뿡주야, 뿡주야, 귀찮게 하더니
아직도 꽁한 걸까? 오수재도 나처럼 좀 놀고 나면
기분이 좋아질 텐데.

공부 시간이 되었다. 말하고 싶어서 입이 근질근질했다. 차민송은 나무가 되어 같이 놀 수 없다. 방두진도 뛰어서 피곤한지 말이 없었다.

오수재는 웬일로 조용했다. 뒤에서 발표 소리가 안 들렸다. 이상했다. 혹시 자나?

다른 데 보는 척 슬쩍 뒤를 보았다. 오수재랑 눈이 딱 마주쳤다. 마음이 풀려서 그런지 자동으로 말이 튀어나왔다.

"왜 발표 안 해?"

"무슨 참견?"

오수재가 뚱하게 말했다.

"너무 조용하잖아."

"나도 말하기 싫을 때가 있어."

"아직도 화났어?"

"싫은 사람한테 말 걸지 마. 지이인짜 싫다며!"

아, 내가 그렇게 말했다. 그땐 너무 화가 나서 아무 말이나 튀어나왔다.

오수재는 그 말 때문에 아직도 화가 난 거였다. 오수재가 지이인짜 싫은 건 아니다. 그냥 그때만 싫었을 뿐이다. 그런데 내가 생각해도 말이 좀 심했다. 미안한 마음이 들었다.

"아까는 미안."

"인제 사과하냐?"

어휴, 오수재는 사과해도 시비를 건다.

"너도 아까 선생님 앞이라서 사과한 거잖아."

"아니야, 난 진짜로 미안해서 사과한 거야."

오수재의 표정이 진지했다. 그래서 진짜로 사과를 받은 느낌이 들었다.

"사실, 많이 틀려서 속상했어. 그런데 네가 공책을 봐서 모두가 알아 버렸잖아. 부끄러웠다고."

그러자 오수재가 고개를 끄덕거렸다.

"음……. 앞으로는 허락 받고 볼게."

드디어 화해했다. 마음이 한결 가벼워졌다.

오수재가 다시 발표를 많이 했다. 주인공이 되려고 기를 쓰고 발표했다. 그제야 오수재다웠다.

○○○○년 △월 ☆일	

제목: '미안해'는 용기 있다

친구랑 싸우면 최대한 빨리 화해하는 게 좋다.

그래야 다시 같이 놀 수 있다.

사과를 주고받으면 금방 기분이 풀린다.

그런 거 보면 사과는 힘이 세다.

8.
멋쟁이들

방두진은 ㅌㄲ

차민송은 ㅇㅇ

오수재는 ㅇㅅㅇ

나는?

가방을 싼다. 집에 간다. 오예! 집에 갈 때는 늘
기분이 좋다.

"봉주야, 축구할래?"

방두진이 말했다. 우리는 요즘 축구에 푹 빠졌다.

"좋아! 오수재, 축구할 거야?"

"나 골키퍼 할래."

오수재는 달리는 걸 싫어한다. 그래서 골키퍼가 딱
맞다.

운동장에 나갔다. 경기를 시작했다. 방두진이 공을
계속 잡았다. 잘 달려서 아무도 못 따라잡았다.
기분이 좋았다. 우리가 한 팀이었기 때문이다.

그런데 기분이 안 좋기도 했다. 나도 공을 차 보고
싶었다. 공과 함께 운동장을 멋지게 뛰고 싶었다.
하지만 공은 늘 방두진한테만 갔다.

방두진은 순식간에 공을 몰고 반대편 골대로
뛰어갔다. 따라가려다가 숨이 차서 쉬고 싶었다.
그래서 오수재가 있는 우리 골대로 갔다.

"어휴, 힘들어."

"방두진은 지치지도 않네. 과연 토끼답다."

오수재가 또 토끼 타령을 했다.

"대체 왜 두진이가 토끼야?"

"잘 뛰잖아. 두 다리를 쫙쫙 늘려서 풀쩍풀쩍 뛰는

게 딱 토끼지. 아, 부럽다."

오수재가 처음으로 누군가를 부럽다고 했다.

달리기 1등은 방두진한테 확실히 양보했나 보다.

하지만 나는 아직 포기하지 않았다. 열심히 뛰어서

언젠가는 방두진을 이길 거다. 나는 두 발을 길게

쭈욱 뻗었다.

"토끼 다리가 어떻다고? 이렇게 하면 되나?"

"넌 토끼가 아니잖아. 넌······."

침이 꿀꺽 넘어갔다. 나보고 뭐라고 할지 궁금했다.

그런데 오수재가 말을 멈추더니 갑자기 킥킥 웃었다.

"왜 웃어?"

"생각해 보니 다 닮은 동물이 하나씩 있어서.
방두진은 잘 뛰는 토끼, 차민송은 머리 쓰는
여우."

오수재가 재미있는 말을 했다. 나는
무슨 동물일지 궁금했다.

"나는?"

봉주, 너는~

킥킥

"돌고래?"

"돌고래."

김이 샜다. 말이나 치타가 나왔으면 좋았을 텐데. 엉뚱하게 돌고래가 뭐야. 그래도 궁금했다.

"나만 왜 물에 사는 돌고래야?"

"넌 늘 웃고 있잖아. 이렇게."

오수재가 입꼬리를 올리며 돌고래 흉내를 냈다. 그 모습이 착해 보여서 돌고래가 마음에 들었다.

오수재가 슬쩍 물었다.

"난…… 뭐지?"

나는 1초의 고민도 없이 대답했다.

"말 잘하는 원숭이."

"야!"

오수재가 인상을 썼다. 마음에 안 드나 보다.

"원숭이가 어때서?"

"생긴 게 마음에 안 들어. 엉덩이도 빨갛고,
콧구멍도 크고."

"대신 똑똑하잖아! 딱 너지."

"그런가?"

오수재가 좋아할 줄 알았다. 원숭이처럼
까불까불한다는 말은 뺐다.

아무리 오수재가 듣고 싶은 말만 듣는다 해도 굳이
안 좋아할 말을 할 필요는 없다.

갑자기 오수재가 허둥지둥 움직이기 시작했다.

"어? 공 온다! 나 공 잘 못 막는데!"

"걱정 마, 이 돌고래 님이 꼬리로 요리조리
막아 줄 테니!"

나는 촐랑촐랑 공을 향해 뛰어갔다.

돌고래는 공놀이를 잘할까? 잘했으면 좋겠다.

○○○○년 △월 ☆일	

제목: 우리는 다르다

우리 반 친구들은 모두 다르다.

그래서 어렵다. 툭 하면 서로 싸운다.

하지만 모두 달라서 재밌는 것 같기도 하다.

안녕, 난 수재야. 나 뭐든 잘하는 거 알지?

그래도 어려운 게 하나 있어. 친구 사귀기는 좀 어렵더라.

하지만 학교에서 열심히 배우고 있어.

몇 가지 새로 알게 된 게 있지. 알려 줄까? 후훗. 비법 공개!

첫째, 장난은 서로 즐거워야 해.

둘째, 친구끼리 너무 경쟁하면 사이가 멀어져.

셋째, '고마워'와 '미안해'를 부끄러워하지 마.

이렇게 적어 두니 정말 그럴 듯하네.

다들 열심히 실천해서 친구 많이 사귀자!

수재가.

1학년 완벽 적응 프로젝트 ❸ _ 관계

꼼지락 1학년, 좋은 친구가 될 거야!

2025년 1월 3일 1판 1쇄

글쓴이	김원아
그린이	간장

편집	최일주, 이혜정, 홍연진
디자인	이아진
제작	박홍기
마케팅	양현범, 이장열, 김지원
홍보	조민희
인쇄	코리아피앤피
제책	J&D바인텍

펴낸이	강맑실
펴낸곳	(주)사계절출판사
등록	제406-2003-034호
주소	(우)10881 경기도 파주시 회동길 252
전화	031)955-8588, 8558
전송	마케팅부 031)955-8595, 편집부 031)955-8596

홈페이지	www.sakyejul.net
전자우편	skj@sakyejul.com
페이스북	facebook.com/sakyejulkid
인스타그램	instagram.com/sakyejulkid
블로그	blog.naver.com/skjmail

ⓒ 김원아, 간장 2025

값은 뒤표지에 적혀 있습니다. 잘못 만든 책은 구입하신 서점에서 바꾸어 드립니다.
사계절출판사는 성장의 의미를 생각합니다. 사계절출판사는 독자 여러분의 의견에
늘 귀 기울이고 있습니다.
이 책은 저작권법에 따라 보호받는 저작물이므로 무단 전재와 복제를 금합니다.

ISBN 979-11-6981-219-1 73370